La forêt

Orianne Lallemand
Éléonore Thuillier

Illustrations : Sess

AUZOU

La philosophie de notre collection

Notre collection de premières lectures avec Loup a été idéalement pensée pour accompagner votre enfant dans son apprentissage de la lecture.

Pour donner à votre enfant le plaisir de **découvrir l'histoire par lui-même** et de **se l'approprier de façon autonome**, tout en étant guidé dans cet apprentissage qui peut s'avérer fastidieux, le texte est accompagné d'**exercices ludiques pensés par des professeurs des écoles** : exercices de **préparation** à la lecture, questions sur la **compréhension** du texte et **lexique** final qui aidera votre enfant à comprendre les termes les plus compliqués.

Apprendre à lire est une étape importante et essentielle. Comme chaque enfant est unique, nous avons pensé cette collection pour que chacun puisse suivre selon son propre rythme.

Avant de commencer la lecture, 'enfant choisit son niveau : bleu ou orange.

Le texte en page de gauche est prévu pour un enfant en **milieu de CP***, à l'aise avec la lecture mais pas encore complètement. Le **champ lexical** et les **sons employés** sont relativement **simples**. Les **lettres muettes** sont mises en valeur. Les **ponts de liaison** sont indiqués.

Le texte en page de droite est prévu pour un enfant en **fin de CP*** qui **maitrise la lecture autonome**. Les **lettres muettes** et les **accents** sont identifiés. Les **ponts de liaison** sont indiqués.

ette double lecture permet à votre enfant de tester ses capacités et lui donne envie de progresser dans son apprentissage. Ce concept a été pensé et validé par des professeurs des écoles.

ᵉ HarmoS pour la Suisse, Première primaire pour la Belgique et Première année pour le Canada.

Pour préparer la lecture

1. Montre le dessin quand tu entends le son « **è** » comme dans « n**ei**ge ».

2. Lis les mots-outils suivants.

un une est et les des ses mais chez

3. Entoure en rouge les lettres muettes.

LOUP FORÊT LIT

IDÉE DEHORS FROID

4. Colorie les lettres qui forment le mot « **LOUP** ».

L I O Q U V D P B

5. Entoure le dessin quand tu entends deux syllabes.

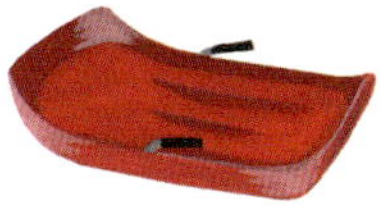

6. Lis les mots de l'histoire ci-dessous.

La fenêtre Le glaçon

Une année L'armoire

La bataille La tempête

Loup se réveille et regarde
par la fenêtre :
« Oh… il a neigé ! »

Quand Loup se réveille ce matin-là, tout est silencieux. Curieux, Loup passe le nez par la fenêtre et découvre la forêt sous la neige.
« Oh... il a neigé ! » murmure*-t-il, émerveillé*.

Loup se prépare en souriant.
Il rêve de jouer dans la neige !

Sans perdre un instant, Loup fouille*
dans son armoire et s'habille chaudement.
« Ça va être une super journée ! sourit-il.
Depuis le temps que je rêve de jouer
dans la neige ! »

Dehors, Loup tombe* sur Valentin, Alfred, Joshua et Gros-Louis.

À peine sorti, Loup tombe sur Valentin, Alfred, Joshua et Gros-Louis : ses amis ont eu la même idée que lui !

« Regardez tout ce qui est tombé ! crie Valentin, très excité*.

— Cela n'était pas arrivé depuis des années », renchérit* Gros-Louis.

« On fait une bataille de boules de neige ? demande Loup.
— Allons chercher les autres », répond Valentin.

« Et si on réveillait les autres avec des boules de neige ? » propose Loup. Les loups se regardent en souriant : en voilà une bonne idée !

Louve va à sa fenêtre et
une boule de neige lui tombe
sur la tête.
« À l'attaque ! » crie-t-elle en riant.

Devant la maison de Louve, les amis font le plein de boules de neige. Louve ouvre ses volets et **SPLATCH !** elle reçoit une boule en pleine tête.

« Oh ! Vous allez voir ce que vous allez voir ! » rit-elle.

La bande* arrive chez Demoiselle Yéti pour continuer la bataille.

Les loups arrivent chez Demoiselle Yéti pour continuer la bataille.

« Euh, vous êtes sûrs ? s'inquiète Joshua. Vous savez bien que Titi ne fait pas dans la douceur... »

Et **SPLATCH** !

Demoiselle Yéti surprend*
la bande d'amis !

Joshua n’a pas le temps de terminer sa phrase : et **SPLATCH !** une tempête de neige s’abat* sur la bande d’amis.

Enfin les amis vont chez Loup-Blanc. Mais il n'ouvre pas sa porte.

« Il dort peut-être encore », dit Alfred.

Enfin les amis s'arrêtent chez Loup-Blanc, mais personne ne répond.

« C'est bizarre, dit Gros-Louis. Il n'y a aucune trace devant sa porte.

— Il dort encore, ce gros flemmard* »,

rit Alfred.

Ils entrent sans un bruit :
ils vont lui faire une farce*.

« Allons réveiller Loup-Blanc avec des glaçons bien frais ! » dit Demoiselle Yéti.
Tout doucement, les loups entrent chez Loup-Blanc.

Loup-Blanc est caché dans son lit, tout tremblant.
« Que se passe-t-il, tu es malade ? » demande Louve.

Mais Loup-Blanc ne dort pas.
Caché sous sa couette, il tremble.
« Que se passe-t-il, tu es malade ?
s'inquiète Louve.

« Je ne peux pas sortir, répond Loup-Blanc, la forêt est glacée !
– C'est de la neige ! rigole Valentin.
– De la neige ? »

— Co… comment êtes-vous ve… venus ?
bégaie* le petit loup. Dehors, c'est… glacé !
— Il a neigé et c'est génial ! dit Valentin.
— Neigé ? » fait Loup-Blanc, étonné.
Les loups se regardent : Loup-Blanc
n'a jamais vu de neige !

Loup donne des vêtements chauds à Loup-Blanc et le rassure* avant de sortir.

Loup prend les choses en main*.

« Ne t'inquiète pas, annonce-t-il. On va te montrer ! Mais avant, on va t'équiper* !

— Et maintenant, on sort ! » font les amis, ravis.

Loup-Blanc touche la neige :
« Oh, c'est froid ! » dit-il
en admirant* la forêt autour de lui

Loup-Blanc découvre la forêt enneigée*.
C'est beau mais c'est froid ! Autour de lui, ses amis rient et font les fous !

Loup-Blanc rejoint la bataille !

« Bataille de boules de neige générale ! rigole Loup. Montre-nous ce que tu sais faire, petit loup du désert ! »

Ainsi va la vie dans la bande à Loup !

As-tu bien compris le texte ?

- Que découvre Loup en ouvrant la fenêtre ?
- Que font Loup et ses amis dans la forêt ?
- Où est Loup-Blanc ?
- Est-ce que Loup-Blanc s'amuse à la fin ?

- Pourquoi Loup est-il étonné en se réveillant ?
- Comment Loup s'habille-t-il ?
- Que propose Loup à ses amis ?
- Qu'arrive-t-il à Louve ?
- Qui attaque Joshua ?
- Pourquoi Loup-Blanc est-il caché dans son lit ?
- À la fin de l'histoire, Loup-Blanc participe-t-il à la bataille de boules de neige ?

Lexique

- **admirer :** contempler, regarder quelque chose que l'on trouve très beau.
- **bande :** groupe de personnes.
- **farce :** blague, plaisanterie.
- **surprendre :** arriver par surprise.
- **tomber sur quelqu'un :** rencontrer quelqu'un par hasard.
- **rassurer :** calmer, redonner confiance.

- **bégayer :** parler avec hésitation.
- **émerveillé :** surpris, étonné devant quelque chose de beau.
- **enneigé :** couvert de neige.
- **équiper :** porter ce qui est nécessaire pour faire une activité.
- **excité :** tout content, plein d'entrain.
- **flemmard :** paresseux, quelqu'un qui ne veut rien faire.
- **fouiller :** chercher quelque chose.
- **murmurer** : parler à voix basse.
- **prendre quelque chose en main :** se charger, s'occuper de quelque chose.
- **renchérir :** ajouter quelque chose, une nouvelle idée.
- **s'abattre :** tomber soudainement.

Dans la même collection

La machine à vœux
de Valentin

L'anniversaire
de Louve

La drôle de maladie
de Demoiselle Yéti

Le secret
de Joshua

Le fabuloup gâteau
de Gros-Louis

Alfred et le monstre
de la forêt

Edmond le dragon
et l'incendie

La chasse au trésor
de Loup-Blanc

Retrouve toutes les aventures de LOUP

24-32, rue des Amandiers, 75020 Paris – France
Imprimé en Serbie. Printed in Serbia.

Directeur éditorial : Damien Hervé
Responsable éditoriale : Jeanne Digne-Matz
Éditrice : Amandine Doubre
Mise en pages : Studio Graph'M
Fabrication : Fanny Salomon
Gravure : Stephane Cavazzini et Natacha Castelain
Relecture : Solène Lorchel
Correction : Nathalie Coët

Loi n° 49-956 du 16 juillet 1949 sur les publications destinées à la jeunesse,
modifiée par la loi n° 2011-525 du 17 mai 2011.

Produit conçu et fabriqué sous système de management
de la qualité certifiée AFAQ ISO 9001.

auzou.fr